VELED LENNI A MINDENSÉG

A kisbabád hangjának felfedezése

Dr. Heidelise Als egész
életét annak
szentelte, hogy hangot
adjon a koraszülött és
rizikó újszülötteknek,
ezzel is formálva
kórházi élményeiket és tapasztalataikat.

Megalapította a NIDCAP-et, az ellátás egy egyénre
szabott, gondoskodó megközelítését,
amely a szülőket és a családokat abban a
legfontosabb szerepükben támogatja,
hogy ők lehessenek kisbabájuk elsődleges gondozói.

* A NIDCAP a Newborn
Individualized Developmental
Care and Assessment Program rövidítése:
Újszülöttek egyéni fejlődését
támogató és értékelő program

*Mindannyian
összekapcsolódunk;
egymást támogatva,
tanítva és egymástól
tanulva
gazdagítjuk egymás
életét.*

Heidelise Als, PhD

A VELED LENNI A MINDENSÉG egy szívet melengető és felemelő történet, amely vigaszt, reményt és melegséget nyújt azon családoknak, akiknek szembe kell nézniük az elképzelhetetlennel: gyermeküknek kórházi ellátásra van szüksége. Az egyediséget és a csecsemők egyéniségének fontosságát hirdetve ez a könyv erő, szeretet és kapcsólódás forrása a családoknak és gyermekeknek. Kötelező olvasmány minden kórházi élmény által érintett család számára, emlékeztetve őket, hogy mennyi erő rejlik a fejlődő kapcsolatok támogatásában.

—*Dorothy Vittner, PhD, RN, FAAN, Senior NIDCAP Trainer*

VELED LENNI A MINDENSÉG

A kisbabád hangjának felfedezése

Deborah Buehler, PhD

Rajzolta:
Annie Zeybekoglu

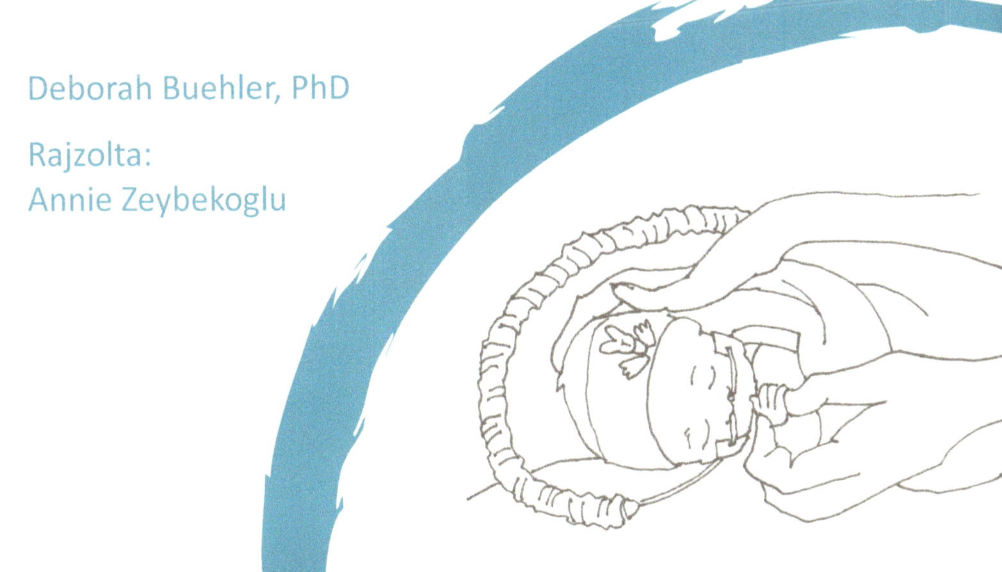

A NIDCAP Federation International, Inc. támogatásával.
A NIDCAP Federation International, Inc. logója engedéllyel kerül felhasználásra.

Nyomtatva és kötve az Egyesült Államokban
ISBN: 978-1-966149-09-5

WHITE POPPY PRESS
An imprint of MODERN MEMOIRS, INC.

417 West Street, Suite 104
Amherst, Massachusetts 01002
413-253-2353
www.modernmemoirs.com

Ezt a könyvet annak szenteljük, hogy
felfedezhessék koraszülött
és/vagy betegen született kisbabájuk hangját,
és a különleges, folyamatosan alakuló
kapcsolatotok szépségét.

Egy furcsa, zümmögéssel és csipogással teli
helyen
nyújtózkodom és mocorgok.

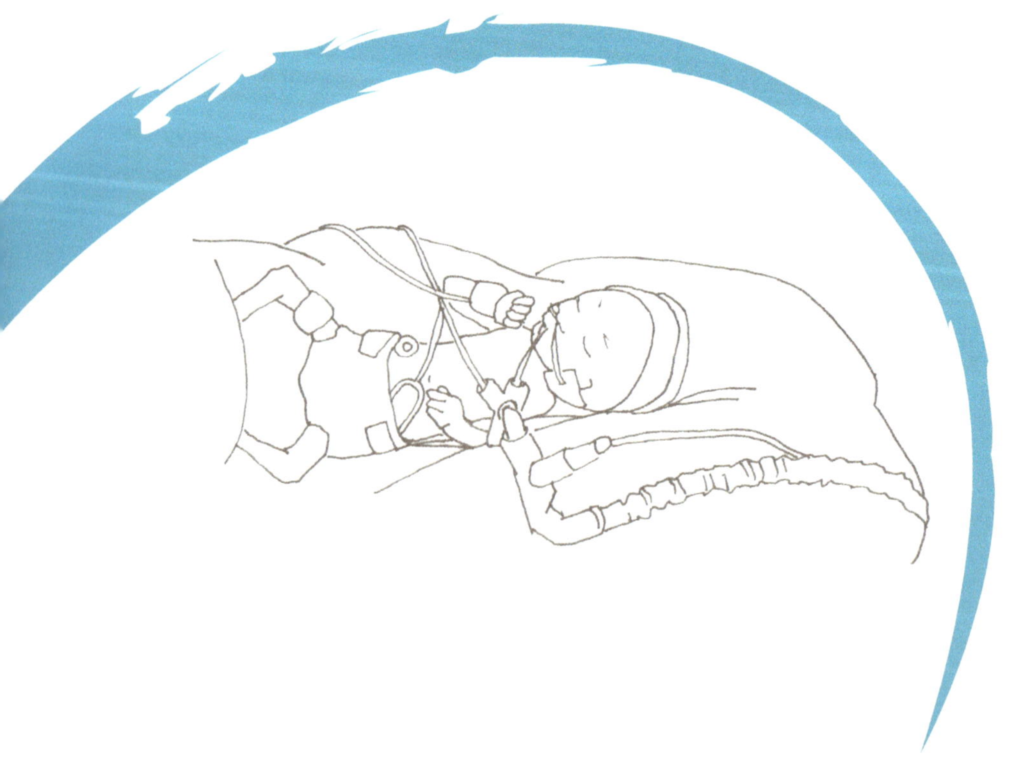

Olyan kicsi és törékeny vagyok—
mégis itt vagyok.

*Nyugtató hangok, lágy fény, és nyugalom,
minden porcikám nyugodt.*

Suttogás, egy gyengéd érintés,
tudom, hogy nem vagyok egyedül.

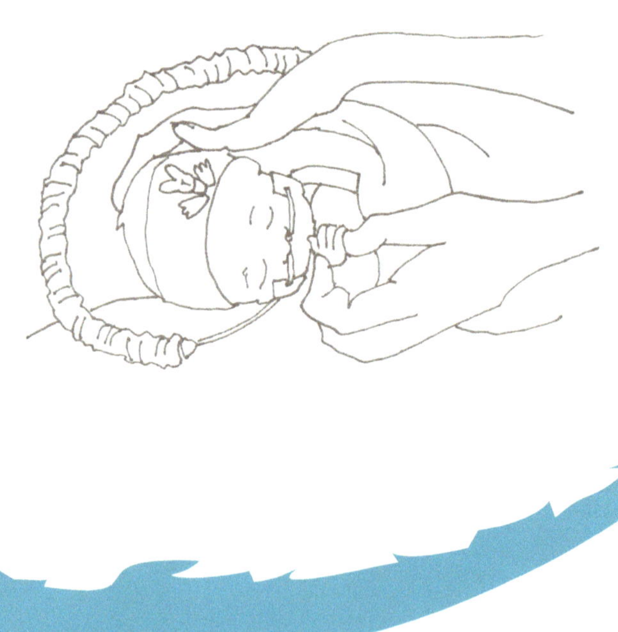

*Megragadom az ujjadat,
bekucorodom az kezedbe,
érzem, hogy minden rendben van.*

A kedves mosolyodat nézve,
egyre többet tanulok minden nap.

*A szopizás táplál és békét nyújt,
olyan nyugodt vagyok az ölelésedben.*

*Békésen alszom a karjaidban,
melegséget és megnyugvást érzek.*

A mellkasodhoz bújva,
békét és szeretetet érzek.

*Minden egyes gondoskodó,
veled töltött pillanatban,
egyre nagyobb és erősebb leszek.*

Itt vagyok…
És tudom, hogy te is.
Veled lenni a mindenség.

Ön a gyermeke
elsődleges gondozója.

Nézegesse és figyelje őt.
A kisbabája sokféleképpen jelzi
mi tetszik neki,
mire van szüksége és mire vágyik.

Az első pillanatok gyermekével
értékesek és fontosak.
Ahogy megérti és válaszol
a kisbaba egyedi jelzéseire,
szeretettel teli kapcsolatotuk
egyre erősödni fog.

Megérkeztél hozzánk

Név

Születési dátum

Születési kor

Születési súly   Születési hossz

A mi családunk, a mi történetünk

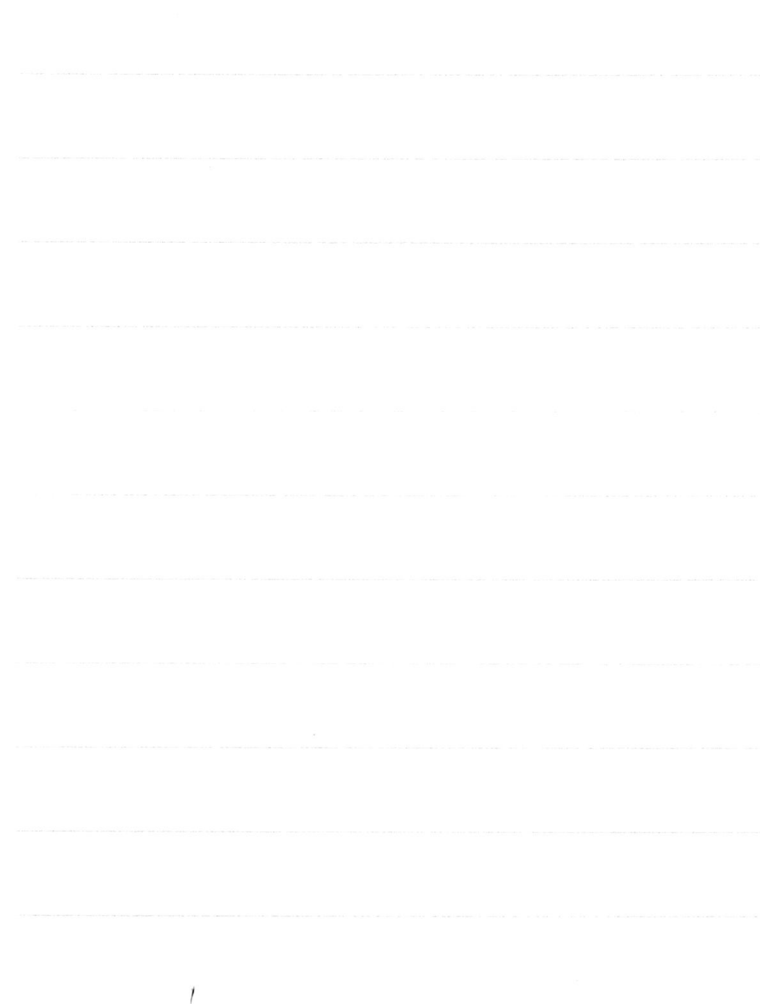

Ez a könyv a kapcsolatokról szól—Deborah és Annie több mint negyvenéves, rendkívüli barátságának gyümölcse.

Deborah pályafutását Dr. Heidelise Als, a NIDCAP alapítójának első kutatási asszisztenseként kezdte, majd együtt dolgozott vele a NIDCAP kidolgozásán. Fejlődéslélektanból szerzett doktori fokozatot, és elhivatottan támogatja a NIDCAP gyakorlati alkalmazását, képzési programjait és nemzetközi közösségét.

Annie illusztrátor és grafikus művész. Több mint 30 éve tanít rajzolást és könyvtervezést. Annie díjnyertes alkotásai gyűjtemények részét képezik az Egyesült Államokban, Magyarországon, Lengyelországban, Japánban és Törökországban.

A VELED LENNI A MINDENSÉG című könyvet a NIDCAP inspirálta. Ezt a bizonyítékokon nyugvó gondozási módszert Heidelise Als, PhD dolgozta ki az 1980-as évek elején.

A NIDCAP abban segít, hogy a koraszülött és rizikó újszülötteket megértsék az ellátók és szüleik, kihangosítva őket, lehetőségük legyen alakítani saját élményeiket a kórházban és azon túl is. NIDCAP szemlélete szerint minden csecsemő gondozása és fejlődése leginkább a saját szülei és családja szeretetén és gondoskodásán keresztül bontakozhat ki. Az egészséges családi kapcsolatokon keresztül a tapasztalatok gazdagabbá válnak, és a jövő kilátásai is kedvezőbbé formálódnak.

A NIDCAP gondozási módszert egyre több kórházban alkalmazzák világszerte. Az alábbi weboldalon további információkat talál a NIDCAP programról: www.nidcap.org.

www.ingramcontent.com/pod-product-compliance
Lightning Source LLC
Chambersburg PA
CBHW041234050726
47599CB00007B/946